GIGANTES MARINOS DE LA ÉPOCA DE LOS DINOSAURIOS

POR **"DINO" DON LESSEM**
ILUSTRACIONES POR **JOHN BINDON**

EDICIONES LERNER / MINNEAPOLIS

Para Brian Joseph, mi primer amigo, que no tiene absolutamente nada que ver con este libro.

Traducción al español: copyright © 2007 por ediciones Lerner
Título original: *Sea Giants of Dinosaur Time*
Texto: copyright © 2005 por Dino Don, Inc.
Ilustraciones: copyright © 2005 por John Bindon
Las fotografías que aparecen en este libro son cortesía de: © Museo de Historia Natural, Londres, págs. 24, 27, 28–29.

La edición en español fue realizada por un equipo de traductores nativos de español de translations.com, empresa mundial dedicada a la traducción.

ediciones Lerner
Una división de Lerner Publishing Group
241 First Avenue North
Minneapolis, MN 55401 EUA

Dirección de Internet: www.lernerbooks.com

Library of Congress Cataloging-in-Publication-Data

Lessem, Don.
    (Sea giants of dinosaur time. Spanish)
    Gigantes marinos de la época de los dinosaurios / por "Dino" Don Lessem ; ilustraciones por John Bindon.
        p. cm. — (Conoce a los dinosaurios)
    Includes index.
    ISBN-13: 978-0-8225-6244-3 (lib. bdg. : alk. paper)
    ISBN-10: 0-8225-6244-8 (lib. bdg. : alk. paper)
    1. Marine animals, Fossil—Juvenile literature. I. Bindon, John, ill. II. Title.
QE766.L4718 2007
567.9—dc22   2006001835

Fabricado en los Estados Unidos de América
1 2 3 4 5 6 – DP – 12 11 10 09 08 07

CONTENIDO

CONOCE A LOS GIGANTES MARINOS

¡BIENVENIDOS, FANÁTICOS DE LOS DINOSAURIOS!

Soy "Dino" Don. Los dinosaurios ME ENCANTAN. También me gustan los otros animales extraños que vivieron en esa época. Mientras los dinosaurios gobernaban la tierra, reptiles gigantes eran los amos de los mares. Ven a conocer estos fascinantes animales oceánicos. ¡Ni siquiera te mojarás los pies!

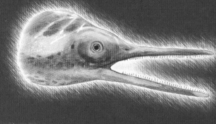

ARCHELON
Longitud: 12 pies (3.7 metros)
Hogar: oeste de Norteamérica
Época: hace 70 millones de años

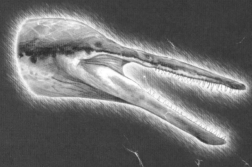

ICHTHYOSAURUS
Longitud: 6 pies (1.8 metros)
Hogar: oeste de Europa, Norteamérica
Época: hace 180 millones de años

KRONOSAURUS
Longitud: 42 pies (12.8 metros)
Hogar: noreste de Australia
Época: hace 120 millones de años

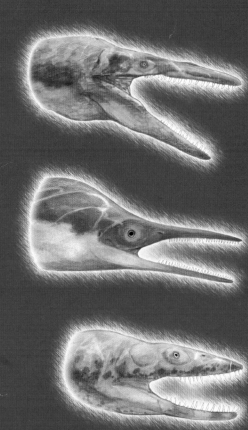

MOSASAURUS
Longitud: 45 pies (13.7 metros)
Hogar: Norteamérica
Época: hace 65 millones de años

OPTHALMOSAURUS
Longitud: 11 pies (3.4 metros)
Hogar: oeste de Europa, Norteamérica y
          Sudamérica
Época: hace 150 millones de años

PLESIOSAURUS
Longitud: 8 pies (2.4 metros)
Hogar: oeste de Europa
Época: hace 180 millones de años

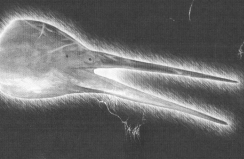

SHONISAURUS
Longitud: 50 pies (15 metros)
Hogar: oeste de Norteamérica
Época: hace 220 millones de años

TELEOSAURUS
Longitud: 10 pies (3 metros)
Hogar: oeste de Europa
Época: hace 180 millones de años

MARAVILLAS ACUÁTICAS

Estamos en lo profundo del mar, hace 120 millones de años. Dos gigantescos *Kronosaurus* luchan por un pez grande. Cada uno es casi tan largo como un camión de helados ¡Chas! Un *Kronosaurus* atrapa al pez con sus mandíbulas llenas de dientes filosos.

¿*Kronosaurus* parece el nombre de un
dinosaurio? No lo es. El *Kronosaurus* era
un **reptil** marino gigante. En la época de
los dinosaurios vivían muchos tipos de
reptiles marinos gigantes.

LA ÉPOCA DE LOS GIGANTES MARINOS

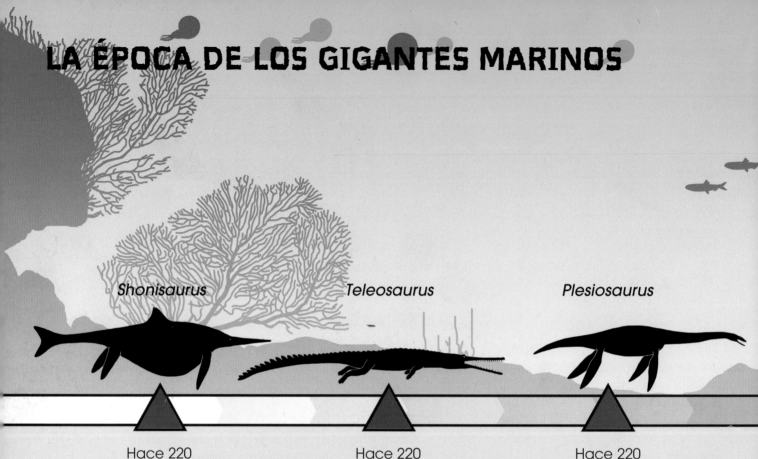

Shonisaurus

Teleosaurus

Plesiosaurus

Hace 220
millones
de años

Hace 220
millones
de años

Hace 220
millones
de años

Los reptiles marinos gigantes no eran dinosaurios. Los dinosaurios entraban en el agua sólo para nadar, pero los reptiles marinos vivían allí. Los dinosaurios tenían patas delanteras y traseras y nacían de huevos. Los reptiles marinos tenían aletas y, algunos, nacían vivos del cuerpo de la madre.

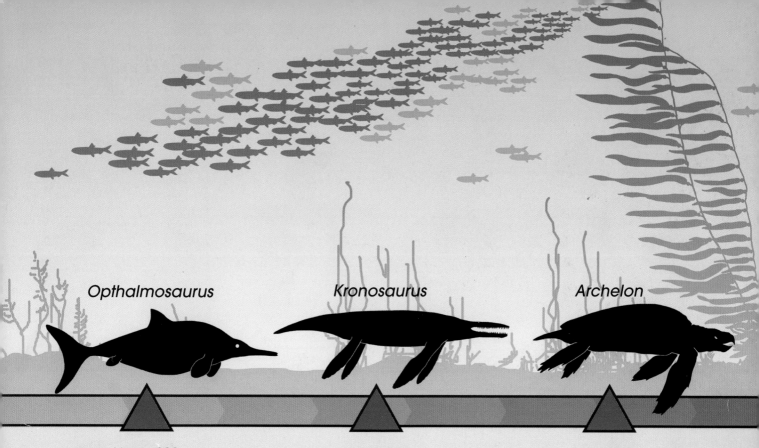

Opthalmosaurus

Kronosaurus

Archelon

Hace 220 millones de años

Hace 220 millones de años

Hace 220 millones de años

Al igual que todos los reptiles, los gigantes marinos tenían escamas en la piel. Todos los reptiles marinos respiraban aire con los pulmones, pero algunos eran **depredadores** que cazaban peces. Otros comían huevos. Unos tenían forma de delfín. Otros tenían cuerpo y cuello largos. Otros más tenían el cuerpo corto y gordo.

HALLAZGOS DE FÓSILES DE GIGANTES MARINOS

Los números en el mapa de la página 11 indican algunos de los lugares donde se han encontrado fósiles de los reptiles marinos gigantes que aparecen en este libro. En esta página puedes ver los nombres y las siluetas de los reptiles marinos que corresponden a los números en el mapa.

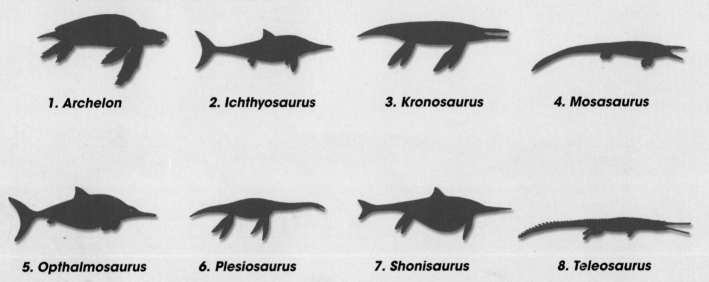

1. Archelon

2. Ichthyosaurus

3. Kronosaurus

4. Mosasaurus

5. Opthalmosaurus

6. Plesiosaurus

7. Shonisaurus

8. Teleosaurus

¿Cómo conocemos a estos gigantes marinos? Durante cientos de años, hemos encontrado y estudiado los rastros que quedaron cuando los reptiles marinos murieron. Los **fósiles** de huesos, huevos y dientes nos han mostrado qué aspecto tenían estos gigantes y cómo vivían. Hasta ahora, hemos descubierto cientos de reptiles marinos gigantes.

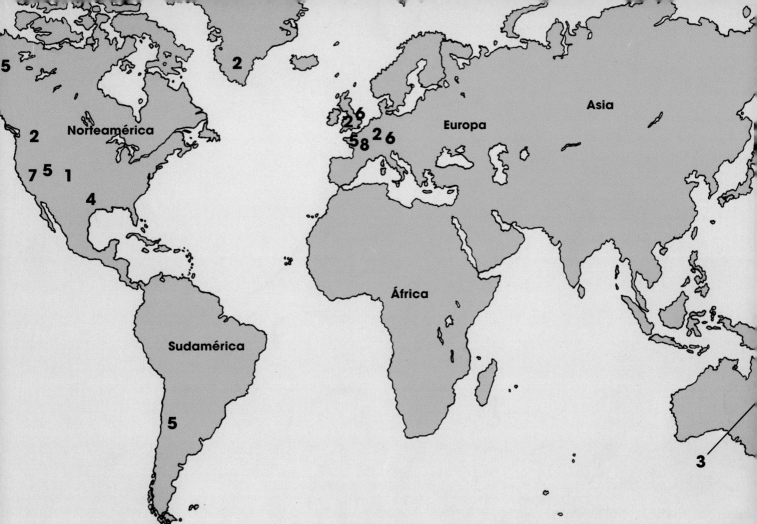

Estos reptiles habitaron todos los océanos del
mundo. Entonces, ¿por qué en este mapa los
reptiles marinos aparecen en tierra? Algunos
lugares estaban bajo el agua durante la
época de los gigantes marinos. Los científicos
han encontrado fósiles en esos lugares. Es muy
difícil encontrar fósiles en el fondo del océano.

LA VIDA EN EL MAR

¿Cómo sobrevivían en el océano los gigantes marinos? No era fácil para estos animales tan grandes encontrar suficiente alimento, pero tenían muchas formas de cazar.

El mar se oscurece al caer la tarde, pero el
Opthalmosaurus escoge este momento
para cazar. Con sus grandes ojos, este
reptil marino gigante ve bien en el agua
oscura. Los peces que atrapa no lo ven
llegar hasta que es demasiado tarde.

El *Archelon* usa sus enormes aletas para
moverse rápidamente en el agua. Ataca a
un grupo de medusas. Las mandíbulas del
Archelon no son fuertes; su pico no tiene
dientes. Las blandas medusas son el
alimento perfecto para este gigante.

El *Archelon* era la tortuga más grande de
la época de los dinosaurios. No tenía el
pesado caparazón de las tortugas que
conocemos. En cambio, su caparazón
estaba hecho de costillas óseas cubiertas
de una piel similar a la goma.

El *Teleosaurus* nada rápidamente en el agua. Las patas cortas están pegadas al cuerpo. Es casi tan largo como un bote de remos grande. Este cocodrilo marino está a punto de atrapar un calamar. El *Teleosaurus* muerde el calamar con sus mandíbulas largas y angostas, llenas de dientes puntiagudos.

Desde antes de la época de los dinosaurios, los cocodrilos han habitado ríos y pantanos de todo el mundo. En la época de los dinosaurios, algunos crecieron hasta medir más que un autobús escolar. Unos nadaban hasta las profundidades del océano, como el *Teleosaurus*.

El *Mosasaurus* abre sus poderosas mandíbulas. Está cazando una lenta amonita. La gruesa concha de la amonita no la puede proteger contra el *Mosasaurus*. El gigante marino la tritura con sus dientes afilados en forma de cono.

El *Mosasaurus* era uno de los gigantes marinos más grandes y mortíferos. Este cazador de los mares llegó a medir más de 45 pies (12.8 metros) de longitud. ¡Era más largo que un *Tyrannosaurus rex*!

Un *Plesiosaurus* busca bancos de peces para comer. Este gigante marino podía alcanzar muy lejos con su largo cuello para atrapar a los peces. Es posible que el *Plesiosaurus* se hubiera zambullido hasta el fondo del mar para tragar rocas.

¿Por qué comía rocas? Las rocas se movían en el estómago del reptil. Servían para triturar los peces que el *Plesiosaurus* comía. Y tal vez ayudaban a darle peso para que el *Plesiosaurus* pudiera nadar más tiempo bajo el agua.

Un grupo de *Shonisaurus*, llamado
manada, nada por el agua. La manada
rodea a un cardumen. Al trabajar juntos,
los enormes reptiles marinos acorralan a
los peces y los comen.

El *Shonisaurus* era uno de los reptiles marinos
más grandes. Medía de largo más que media
cancha de tenis. Los científicos creen que el
Shonisaurus pudo haber vivido en manadas,
como los delfines, pero no nadaba como ellos.
El *Shonisaurus* movía la cola de un lado a otro.
Los delfines la mueven de arriba hacia abajo.

Los fósiles nos muestran cómo nacían algunos reptiles marinos. Esta fotografía muestra una cría saliendo de debajo de la cola de un reptil marino. ¡Este *Ichthyosaurus* estaba dando a luz! La cría nada libremente desde que nace. Busca pequeñas criaturas del océano para comer.

El *Ichthyosaurus* adulto era mucho más
pequeño que el *Shonisaurus*. Las crías del
Ichthyosaurus no se podían proteger solas,
así que nacían dos o tres al mismo tiempo.
De esta manera, al menos una podría
escapar de un depredador.

¿QUÉ LES SUCEDIÓ A LOS GIGANTES MARINOS?

Los grandes reptiles marinos desaparecieron hace 65 millones de años. Los últimos dinosaurios también murieron en esa época. ¿Qué los mató? Muchos científicos creen que hubo cambios en el clima y que se hizo difícil para animales tan grandes encontrar suficiente alimento.

La costa de Inglaterra es uno de los mejores lugares para encontrar fósiles de los gigantes marinos. Los fósiles nos han enseñado muchas cosas sobre cómo vivían los reptiles marinos gigantes. ¡Hemos aprendido hasta de la caca fósil! Muestra que el *Ichthyosaurus* comía peces.

Los científicos no son quienes encuentran la mayoría de los fósiles. Hace casi 200 años, en Inglaterra, un niño llamado Joseph Anning halló un cráneo extraño cerca de su casa. Un año después, Mary, su hermana, halló el resto del esqueleto. ¡Era el primer *Ichthyosaurus* conocido!

Esta fotografía muestra el *Ichthyosaurus* descubierto por Mary que también encontró un *Plesiosaurus* y muchos otros fósiles. Los fascinantes hallazgos de Mary causaron gran interés en la **paleontología**, la ciencia del estudio de la vida antigua.

¿Todavía viven reptiles marinos como el *Plesiosaurus* en nuestros océanos o lagos? Muchas personas así lo creen. Cuentan historias sobre haber visto reptiles gigantes en el lago Ness, en Escocia, y en el lago Champlain, al noroeste de Estados Unidos. Sin embargo, no hay pruebas de que estos animales existan.

Es probable que vivan grandes animales
en lo profundo de las aguas, pero no son
plesiosaurios vivos. Los reptiles marinos
desaparecieron hace 65 millones de años.
Nunca volverán y sólo podemos imaginar
lo sorprendentes que eran.

GLOSARIO

depredadores: animales que cazan y comen otros animales

fósiles: restos, huellas o rastros de algo que vivió hace mucho tiempo

manada: grupo pequeño de animales que nadan y comen juntos

paleontología: el estudio de seres vivos de la antigüedad a partir de sus fósiles

reptil: animal que tiene escamas en la piel y que respira aire con los pulmones

ÍNDICE